Fiji
Viti

People, Culture and Identity
Tamata, Noda Kilai kei Nai Tovo Vakaviti

Tarisi Vunidilo

Oratia

Bula vinaka! Fijian greetings and welcome!

This book about the Fiji islands is part of the Moana Oceania series, which introduces the nations of the Pacific to readers.

The Fijian islands are 2000 kilometres north-northeast of Aotearoa New Zealand. Fiji is made up of a large number of islands: there are more than 330 islands and more than 500 islets.

We wish you well on your journey of learning about these amazing islands and people, and welcome you aboard our drua (sailing boat) as we explore the Pacific — next stop, Fiji!

Bula vinaka! Ni bula ka mata vinaka mai!

Nai vola me baleti Viti oqo, e tiki ni Moana Oceania series, e kena usutu tiko na kilai ni veivanua ena Pasivika vei ira na dauwilivola.

Na vanua o Viti e rauta ni 2000 (rua-na-udolu) na kilomita ena vualiku kei Aotearoa e Niu Siladi.

O Viti e wili kina eso na veiyanuyanu lelevu: e rauta ni 330 (tolu-na drau ka tolu-sagavulu), ka rauta ni sivita e 500 (lima na drau) na yanuyanu lala.

Keitou nuitaka ka o ni sureti mai mo ni vodo mai ena waqa drua oqo, o ira na kenai taukei ka o ni sureti mai ena nomuni vodo mai ena drua oqo me da na sikova na wasa Pasifika kei na vanua tarava eda na gade kina — o Viti!

Fijian identity

Fiji has at least 3500 years of human history and at one time was known as the 'Cannibal Islands'. The first people to call Fiji their home are known as the 'iTaukei'. This word means that you are the owner of something, or the land in Fiji belongs to you. Today, the population in Fiji is made up of many other cultures as well indigenous Fijians — including Indians, Chinese, Europeans and other Pacific island peoples from places like Tonga, Samoa, Tuvalu and the Solomon Islands.

Fiji is known as the hub of the Pacific as it is located in the middle of the South Pacific. Traditionally, Fiji has ancestral connections to Melanesia in the west, Polynesia to the east and Micronesia to the north.

The iTaukei culture has a ranking system of turaga (chiefs) and tauvanua (commoners). Other positions include the matanivanua (spokespeople), bete (priests), bati (warriors) and mataisau (carpenters). In the early 1900s, the Vola ni Kawa Bula (VKB) became the national register where iTaukei genealogies are recorded. The Ministry of iTaukei Affairs manages and updates this record.

The 'Cannibal Islands'

In the 1700s, sailors avoided Fiji in case they fell victim to cannibalism, naming the islands the Cannibal Isles. Until the arrival of Wesleyan missionaries in the 1800s, cannibalism was used to show power and control over an enemy.

The last recorded incident of cannibalism was in 1867. A clan on Viti Levu killed and ate Reverend Thomas Baker and seven of his supporters. Ratu Udre Udre is Fiji's most notorious cannibal: during the 19th century he was recorded as having eaten up to 1000 people.

Contents

Fijian identity 4
    Family 6
    Fijian values 6
    Fijian people living outside
       of Fiji 10
    Religion 10
    School 12
    Food 14
    Traditional houses 16
    Clothing 16

The discovery of Fiji 18
    Early life in Fiji 20
    Government 22
    The Fiji Republic 24
    Population 26
    The economy 26

Language 28
    The Fijian alphabet 28
    Basic words and phrases 30
    Proverb 31

Environment 32
    Geography 32
    Weather 32
    Plants 34
    Animals 34

Arts and culture 36
    Whalestooth 36
    Weaving 36
    Carving 38
    Tattoo 38
    Masi 40
    Pottery 40
    Traditional dance 40

Celebrations and sports 42
    Celebrations and festivals 42
    Sport 46

Lewe ni ivola

Vakatakilakila ni Bula vakai iTaukei 5
    Vuvale 7
    iTovo dokai vakaviti 7
    Na iTaukei era bula ena taudaku
       kei viti 11
    Lotu 11
    Koronivuli 13
    Kakana 15
    Valevakaviti 17
    iSulusulu 17

Na kena tawani o Viti 19
    Gauna makawa e Viti 21
    Matanitu 23
    Matanitu Tu Vakataki Koya 25
    Wiliwili ni lewe ni vanua 27
    Bula vakailavo ni matanitu 27

Vosa 29
    Na matanivola 29
    Matua vosa vakaviti 30
    Vosa vakaibalebale 31

Veika e vakavolivoliti keda 33
    Vanua 33
    Draki 33
    Kau 35
    Manumanu 35

iTovo kei na bula vakavanua 37
    Tabua 37
    Talitali 37
    Sivisivi 39
    Veiqia 39
    Masi 41
    Tulituli 41
    Meke 41

Soqo ni marau kei na qito 43
    Soqo ni yabaki 43
    Qito 47

Vakatakilakila ni Bula Vaka iTaukei

O Viti e tawani ena loma ni 3500 (tolu-na-udolu, lima na drau) na yabaki sa oti, ka dau kilai tu ni 'Yanuyanu ni Veikanikani'. Oira na tamata era mai tawani Viti e liu, sai ira na 'iTaukei'. Na vosa nai Taukei e kenai balebale ni o taukena edua na ka, se o taukena na qele e Viti. Nikua, nai wiliwili ni lewe ni vanua e Viti era lewena na veitamata tale eso, wili kina o ira na wekada na Idia, Jaina, Vavalagi kei ira mai na wasa Pasifika, me vakataki Tonga, Samoa, Tuvalu kei na Yatu Solomone.

O Viti e kilai ni tiko ena lomadonu ni wasa Paifika. Ena gauna makawa, o Viti e sema vaka vanua ki na vanua vaka Melanisia ki na Ra kei Viti, Polinisia ki na Tokalau, kei na vanua vaka Maikoronisia ki na Vualiku.

Na bula vakaiTaukei e bula vakaituvatuva, tekivu mai vei ira na Turaga ka yaco sara vei ira na Tauvanua. Eso tale nai tutu vakavanua e wili kina o ira na matanivanua, bete, bati, kei na mataisau. Ena tekivu ni yabaki 1900, na iVola ni Kawa Bula (VKB) esa vola tukutukutaki kina na veitukutuku ni vuvale kei na kawa kei Viti. Na tabacakacaka iTaukei eratou maroroya ka vakasokumuna nai tukutuku me biu ena ivola oqo.

Na Yanuyanu ni Kana Tamata

Ena yabaki 1700, e levu na dausoko era dau rerevaka na soko volekati Viti de ra na laukana bulabula, ka vakavuna kina me ra vakayacana ni vanua ni kana tamata. Ni cabe mai na lotu Wesele ena yabaki 1800, na kana tamata e dau vakayacori mei vakaraitaki ni kaukauwa kei na nodra vakamalumalumutaki na meca.

Nai otioti ni kana tamata e vola tukutukutaki ena 1867. Edua na mataqali e Vitilevu, eratou a vakamatea ka kania na yago i talatala Tomasi Peka kei ratou lewe vitu (7) na nonai tokani. O Ratu Udreudre edua na dau kana tamata kilai levu e Vitilevu ena i ka 19 ni senitiuri, e a volai ni kania e 1000 (dua-na-udolu) na tamata.

FAMILY

Family is everything to Fijians. The Fijian word for family is 'matavuvale', or 'vuvale' for short. 'Vuvale' is also the word for tracing your family through your father. 'Vasu' is the word for your mother's side of the family. When introducing yourself, Fijians use their mother's family name as a mark of respect. Family names are passed down through generations. If you are named after someone in your family, you and the person with the same name call each other 'yaca', which means 'name'.

There are other special names that express respect and show that you are related. It was important to gift a tabua (whale-tooth pendant) and mats to ask a couple to name a baby after you. Before Christian missionaries arrived, most people had only one name. Now people have a first, middle and family name. You will know where a person is from through their family name.

FIJIAN VALUES

Three important iTaukei words represent the Fijian value system:
Solesolevaki This means 'working together'. Fijians can achieve tasks such as building a home in just a few days by working together.
Vakarokoroko is the word for 'respect'. Children are taught to respect their parents and those who are older than them.
Veikauwaitaki is the word for 'caring'. We are encouraged to look after others, in our families and within our communities.

Fijians are well known for being very friendly people. When greeting people Fijians say 'bula'. As well as meaning 'hello', this means 'life'. When you greet someone with 'bula vinaka', you are saying 'good health to you'.

There are some values and ways of being that are taught to all Fijian children. Fijian people try to live these values every day.

VUVALE

Na vuvale edua na ka bibi vei ira nai Taukei. Na kena vosa balavu na 'matavuvale', e tautauvata na kedrau ibalebale. E kenai balebale talega nai sema vei ira na tamada. Na vosa na 'vasu' e isema ki na veiwekani vua na marama tina. Ni da vakaveikilaitaki keda, eda na cavuta na vanua eda vasu kina ena nodra rokovi na marama. Kevaka o vakayacani vua edua na wekamu, drau na veikacivi ena vosa na 'yaca', ka vakadeitaka ni drau veiyacani.

E levu na veimataqali yaca veiganiti ka rokovi e vakadeitaka na isema ni veiwekani. Kevaka e kerei me dua na nomu yaca, e ka bibi mo na vakarautaka edua na tabua kei na ibe vei rau na veiwatini, mei kerei ni yaca. Ni ra se bera ni cabe mai n a lotu, era dau yadua ga na yaca. Ena gauna ni kua, sa tiko nai matai ni yaca, yaca e loma kei na yaca ni vuvale. Eda na kila na vanua e cavutu mai kina edua mai na yacana, ka semati kina nona vuvale.

ITOVO DOKAI VAKAVITI

E tolu na vosa oqo e kilai kina na titobu ni veidokai ni i Taukei:
Solesolevaki: oqo ena kena i balebale na cakacaka vata. Ni ra cakacaka vata, e rawa ni tara edua na vale vakaviti ena loma ga ni vica na siga.
Vakarokoroko: na noda rokovi ira na tamata. O ira na gone era vakavulici mera rokovi ira na i tubutubu kei ira era qase cake.
Veikauwaitaki: na vosa ka vakaraitaka na loloma dina. Eda vakauqeti meda dau raici ira noda lewe ni vuvale kei ira na wekada ena noda tikotiko.

O ira nai Taukei era dau kilai tani ena nodra dauveikauwaitaki. Ni da kidavaka edua, eda kaya 'bula' na kenai balebale na noda bula vakayadudua. Ni da kaya, 'bula vinaka', eda tusanaka tiko me bula vinaka okoya eda kidavaka.

E tiko eso nai vakavuvuli e dau vakatavulici vei ira na gone iTaukei. E bibi me bulataki na vei vakavuvuli vaka oqori.
- Na dau vakarokoroko ena matana levu.
- Tabu mo vosacataka edua.
- E tabu na vakaisala ena loma ni vale. E rawa ni daramaki ena taudaku ni koro. E tautauvata kei na kena daramaki na mata iloilo. E vakatarai ga vei ira na dra turaga.
- E tabu ni cakava nai ukuuku ena ulu.

- Be respectful in public.
- Never swear at anyone.
- Never wear a hat inside a house. You can wear one outside your village boundary. This also applies to sunglasses. Exceptions are made for people of noble status.
- Never place any decorations on your head or in your hair in the village.
- Never call out, yell or raise your voice to someone in the village compound.
- Never touch someone's head; in most Fijian communities only parents, grandparents or aunties can do that.
- Never look directly into the eyes of the chief.
- Never sit in a doorway where you will block the entry.
- Never place your towel over your shoulder when going to or returning from a bath.
- Never wear shoes inside a house.
- Never wear underpants or a swimsuit in the villages. Cover up with a sulu or lavalava.
- If you are married, never talk directly to your in-laws but use a messenger.
- Say 'Tulou, tulou, tulou' (excuse me), when you walk past people seated lower than you.
- Never shout or sing in a loud voice in the village compound unless the village elders have given permission.

Many years ago, the airline Air Pacific Tourism created the slogan 'The Way the World Should Be', reflecting how Fijians value their way of life. In 2012, the airline became Fiji Airways and took on a new slogan: 'Fiji: that's where you want to be'.

Garlands
When Fijians welcome a visitor or are at a celebration such as a birthday, the women make garlands. Different regions in Fiji have their own type of salusalu. For example, in the Lau Province, the island of Lakeba is known for garlands called 'sisi-ni-lakeba'. The people of Yale in Kadavu Province make 'vono-ni-matari' salusalu.

- E tabu na kaci, se mo kaila vaka domoilevu vua e dua ena loma ni koro.
- E tabu na tara na ulu, ia ena loma ni matavuvale, o ira nai tubutubu se ira era qase cake e rawa ni ra tara na ulu.
- E tabu na veirai mata kei na Turaga.
- E tabu na dabe enai lago ni katuba.
- E tabu na biu na tauwelu ena tabamu mo lako se lesu mai na sili.
- E tabu na vakai vava ena loma ni vale.
- E tabu na dara i sulu ni sili ena lomma ni koro. Ubi ena nai sulu vaka Toga.
- Ke o vakawati, e tabu na vosa vei rau na vugomu, vakayagata e dua na dau vakadewavosa.
- Mo vakayagataka na 'Tulou, tulou, tulou' ni takosovi ira era dabe tiko era.
- E tabu na kaila se lagasere vaka domoilevu ena loma ni koro, vaka vo ke sa vakadonui mai vei ira na qase ena koro.

Ena vuqa na yabaki sa oti, e a vakayagataka na waqavuka ni vanua na Air Pacific Tourism na mala ni veivosa oqo 'Na Bula me ra Vakamuria na lewe ivuravura' me matanataki ni nodra bula nai Taukei. Ena 2012, sa veisau na yacani waqavuka me Fiji Airways ka vakayagataka na veimala ni vosa oqo: 'Viti; na vanua o gadreva mo tiko kina'.

Salusalu

Ni ra vakavulagi se ra marautaka edua na soqo me vaka na Siga ni Sucu, era dau tali salusalu na marama. E duidui na mataqali salusalu ena veiyasai Viti. Dua na kenai vakaraitaki, ena Yatu Lau, e kilai tani kina na salusalu 'sis ni Lakeba'i.
Ena tikina o Yale, Kadavu, e kilai kina 'vono-ni-matari'.

FIJIAN PEOPLE LIVING OUTSIDE OF FIJI

Many Fijians have moved to different parts of the world. Those that live in Europe have moved there mostly because of sports, especially rugby. Others migrate for work: many are soldiers in the British Armed Forces.

In 2018 the New Zealand Census recorded nearly 21,000 people who identified as Fijians living in New Zealand. These included indigenous Fijians, Indo-Fijians and Rotumans. Indo-Fijian people are the second largest migrant group from Fiji that live in New Zealand. In the 2018 Census over 15,000 people identified as Indo-Fijian. Auckland can claim to be Fiji's fourth largest city after Suva, Lautoka and Sydney, Australia.

Fiji is one of the main stages at the annual Pasifika Festival held in Auckland to celebrate and showcase Pacific communites in New Zealand.

RELIGION

Most major religions are represented in Fiji. Most iTaukei people follow Christianity, which includes Methodist, Catholic, Assembly of God and Seventh-day Adventist faiths. The majority of the Indo-Fijian people are either Hindu or Muslim.

The London Missionary Society was the first Christian group to send missionaries to Fiji. Later arrivals include Catholicism, Seventh Day Adventists, Hinduism and Islam.

The missionaries witnessed many tribal wars. Some wrote books about them, while others drew pictures, recording what they saw. Reverend John Hunt, a Methodist, helped translate the Bible into the Fijian language and was able to preach in Fijian. Reverend Thomas Baker, also a Methodist minister, was the only missionary to fall victim to cannibalism. You can see the remains of his shoes at the Fiji Museum in Suva.

Sacred Heart Church is a Catholic church in Suva.

NA ITAUKEI ERA BULA ENA TAUDAKU KEI VITI

E levu nai Taukei era toki ka laki bula tale na veiyasai vuravura. Vei ira mai Iurope, e levu era gole ena vuku ni qito, vakauasivi na rakavi. Eso era lako ena vuku ni cakacaka, ka lewe levu era lewena na Mataivalu ni Bolatagane.

Ena 2018, na wili lewenivanua mai Niu Siladi e wiliki rawa e 21,000 era iTaukei. Oqo e wili kina o ira nai Taukei, Idia, kei ira na na Rotuma. Edua nai wasewase levu na Idia. E wili lewe ni vanua e Niusiladi ena yabaki 2018, e 15,132 era kaya ni ra kai Idia. O Okaladi e rawa ni wili me i ka 4 (va) ni taoni lelevu: wili kina o Suva, Lautoka, Serene kei Okaladi.

Jennifer Khan-Janif migrated to New Zealand from Fiji. In 2020 she was awarded the New Zealand Order of Merit for her services to refugee and migrant communities.

LOTU

E levu na veimataqali lotu e kunei e Viti. E levu na i Taukei era lotu va-Karisito, me vaka na Wesele, Tagitagi, Katolika, kei na Kavitu. Levu na Idia era lotu Idu se Musulomani.

Na isoqosoqo na London Missionary Society era imatai ni lotu Vakarisito me vakauta mai na i matai ni talatala i Viti. E qai muri na na Katolika, Kavitu, Idu kei na Musulomani.

Era sarava e levu dau kaulotu era sarava na veimataqali i valu e Viti. Eso era vola na kenai vola, eso era droinitaka ka katona na veika era raica. O talatala John Hunt, e Wesele, e veivuke ena vakadewataki ni i Vola Tabu ena vosa vakaviti, ka rawa talega ni vunau vakaviti. O Talatala Thomas Baker, e i talatala talega ni Wesele, e kalouca ni mai mate ena vuku ni veikanikani. E tiko na vovo ni nona ivava ena Vale ni yau Maroroi e Suva.

Sri Siva Sabraminiya Hindu Temple in Nadi.

SCHOOL

Attending school in Fiji is compulsory and free from ages 6–18. Children start kindergarten when they are five years old and move to primary school when they are six. The education system is made up of three levels: primary, secondary and higher education.

The Ministry of Education, Heritage and Arts oversees all schools. All primary and secondary students wear uniforms. English is generally the teaching language, but depending on the school children may learn Fijian, Hindi or other languages. As well as English and maths, students can study chemistry, social studies, home economics and woodworking, among others. They also take part in sports including netball, hockey, rugby, swimming, soccer, rugby league and athletics. To further their education, students can attend one of three universities: Fiji National University, the University of the South Pacific and the University of Fiji.

KORONIVULI

E vakabibitaki ka vakalawataki na vuli e Viti, ka sega ni saumi nai curucuru ni bula mai na yabaki 6 ki na 18. E tekivu ena sova ni vuli ena yabaki 5 ka toki ena paraimari ni ra yabaki 6. E tolu nai wase ni vuli: paraimari, sekonadari kei na vuli torocake.

Na Minisitiri ni Vuli e qaravi ira kece na veikoronivuli e Viti. Era vaka unifomu kece na gonevuli. E vakayagataki na vosa vaka vavalagi ena veivakavulici, ka rawa ni vakavulici talega na vosa vakaviti, vosa vaka Idia kei na vosa tale eso. Era vulica tale na vosa vaka vavalagi, fika, wili kina na lesoni vaka saenisi, veika ni bula vakarabailevu, vuli ni veiqaravi e vale kei na veika ni bula raraba. Era dau qito talega na gonevuli, era rawa ni qitotaka na netball, hockey, rakavi, qalo, soka, rakavi saumi kei na veitau cici. Ena vuli torocake, e rawa ni lai vuli ena Fiji National Universiti, Univesiti ni Ceva ni Pasifika se na Univesiti ni Viti.

FOOD

Fijian people make good use of their environment to provide food and shelter. Tribes own a lot of the land, and people will plant only on their tribe's lands. Fijians love their food! The iTaukei have their own ways of cooking, as well as making special food for special occasions. The Fijian lovo is an earth oven used to cook food. A traditional lovo is a shallow hole dug in the sand or soil, in which stones are heated with wood to become red hot. Once hot, food is placed on the stones and covered with leaves. The thicker the covering, the better. Soil is added on top of the leaves to stop heat from escaping. Lovo are used for special occasions such as magiti vakaturaga (traditional feasts), birthdays, church meetings, marriages and for visitors.

What is cooked in a lovo?
Lovo are used to cook meat such as pork and chicken, as well as fish and vegetables. One traditional dish is palusami, which is taro leaves filled with corned beef, onions and coconut cream. Food may be wrapped in banana leaves to retain its moisture.

KAKANA

O ira na iTaukei era dau vakayagataka vakavinaka na veika e tu vakavolivoliti ira me rawati kina na kakana kei na vale. Era taukena talega e levu na qele ka ra tea kina na kedra. Era taleitaka na kakana nai Taukei ka tiko na veimataqali vakasaqa era maqosa kina ena veisoqo era dau marautaka.

Na lovo na kena vakasaqari se vavi na kakana ena loma ni qele. E dau keli vakamatau, biu yani e loma na vatu, ka waqa na kena buka me vakatakata kina. Ni sa katakata vinaka na vatu, sa qai biu yani na kakana ka ubi ena drau ni kau me vavaku ga na kenai ubi. Sa qai biu yani e delana na qele me tarova na kena lako mai tuba na cawa. E dau vakayagataki talega na lovo ena so na magiti vakaturaga, siga ni sucu, lotu, vakamau kei na nodra yaco mai na vulagi.

Na cava e vakasaqari ena Lovo?
Na lovo e dau vavi kina na vuaka, toa, ika na vei kakana dina kei na kakana draudrau eso. Edua na kakana talei na palusami, oqo na drau ni rourou, ka biu e loma na lewe ni manumanu, varasa kei na lolo droka. Na kakana era olo ena drau ni jaina me maroroi na kenai i kanakana.

Fijians eat food from the sea, rivers and their gardens, where they grow root crops and vegetables. Uvi, or yam, is Fiji's sacred food, and there are myths about its origin. Other common root crops are dalo (taro) and dalo ni tana (taro from Tanna Island), kumala (purple sweet potatoes), tavioka (cassava) and wild yams. Uto (breadfruit) and seasonal fruits such as kavika (mountain apples) and dawa (lychee) are staple foods.

Yam growing in Fiji and exports from Fiji have decreased because of competition from other countries. In recent years the Fiji Yam Farmers Association has encouraged farmers to grow the crop for their families through social obligations, and to consider commercial growing to make chips and flour.

TRADITIONAL HOUSES

The Fijian word for house or dwelling is 'vale', while 'bure' is the word for a traditional thatched house made from reeds. Led by mataisau (traditional carpenters), who take the lead when building bure, people construct the building through solesolevaki (working together). Navala is the only village in Fiji where all buildings are bure, with no other types of houses.

CLOTHING

Men used to wear malo, a tapa loincloth, while women wore a woven liku or skirt. Europeans brought with them new types of materials that are now used for clothing. Today, sulu (skirts) are the national dress of Fiji. Women wear the sulu jiaba, which is a matching dress and skirt. Men wear sulu vakataga (a skirt with pockets), which missionaries from Tonga brought to Fiji. In the 1800s Fijians wore the sulu vakataga to show they had converted to Christianity. For everyday wear Fijian people also use Western-style clothing.

Era dau kana sasalu ni waitui kei na waidranu na iTaukei, wili kina na iteitei, ka tea tu kina na kakana dina. Na uvi e kakana rokovi, ka levu tiko na kedrai talanoa makawa. Levu tu na kakana dina ena kena veimataqali me vaka na dalo, dalonitana, kumala, tavioka kei na uvi ni veikau. E dau laukana talega na uto, kavika kei na dawa.

Esa lutu sobu na tei uvi kei na kena dau volitaki e valagi na uvi ni levu na veimatanitu era volitaki uvi talega. Ena vica na yabaki sa oti, nai soqosoqo ni tei uvi e sa vakauqeti ira na dauteitei mera tomana tikoga na tei uvi, baleta ena yaga ena nodra matavuvale, vakakina ena kena rawa ni caka talega me falawa.

VALEVAKAVITI

Na vosa na vale e kena i balebale edua nai tikotiko, na bure e kenai balebale edua na vale vakaviti. O ira na mataisau era kena dau na tara vale, ka ra dau liutaka talega na tara ni bure vakaviti ena solesolevaki. Na koro o Navala duadua ga e se tara tu ga na nodra veivale ena bure vakaviti, sega tale ni dua na mataqali vale e tara ena loma ni koro.

Bure at Navala.

ISULUSULU

Ena gauna makawa, era dau vaka malo na Turaga, ka ra vaka liku na marama. Ena nodra yaco mai na kai valagi, era kauta mai na veimataqali i sulu vovou me sa mai daramaki. Nikua, esa daramaki nai sulu vakatoga na turaga. O ira na marama era dara nai sulu jiaba, ka ra kauta mai na dau kaulotu mai Tonga. Ena 1800, ni dau daramaki nai sulu vakataga, e vakaraitaki ni ra sa veisau me ra lotu va-Karisito. Era sa vakayagataki vakelevu ni kua nai sulu vovou.

The discovery of Fiji

Fiji is located in the centre of the southern Pacific (below the equator) and sits on the border of Melanesia to the west and Polynesia to the east.

Archeologists have found traces of human habitation in Fiji dating back 3000 years to the Lapita culture. Settlers came from the west of Fiji in large canoes, bringing Lapita pots as well as pigs. Arriving in Fiji, they planted food such as uvi, dalo and kumala. The land they lived on was very fertile and they fished and gathered from the ocean.

What is Lapita culture?
Lapita culture is the name given to a people who settled in Polynesia, Micronesia and some areas of Melanesia between 1200 and 1000 BC. When archaeologists found Lapita pottery, which is made of red clay and is decorated with fine designs. In Fiji, using the discovery of Lapita pottery, evidence of migration patterns can be found in Natunuku in Ba, Sigatoka Sand Dunes in Nadroga and the outer islands such as Naigani, Mago and (recently) Vorovoro, Vanua Levu.

Na kena tawani o Viti

O Viti e ciri koto ena lomadonu ni ceva ni Pasivika, ka toka ena tadrua ni vanua vaka Melanisia ena ra, kei na yatu Polinisia ena tokalau.

O ira na dau vakekeli era sa kunea na i vakadinadina ni kena tawani o Viti ena loma ni 3000 na yabaki sa oti mai vei ira na kawatamata na Lapita. O ira oqo era era vodo mai ena waqa lelevu ni ra yaco mai Viti ena i dromudromu ni siga, ka ra kauta voli mai na kuro na Lapita vakakina na manumanu eso wili kina na vuaka. Nodra yaco mai Viti, era mai tea na kakana me vaka na uvi, dalo kei na kumala. Era tea na qele bulabula ka dau katoa na waitui era qoliva.

Na cava na Lapita?

Na vuvale na Lapita e vakatokayacataki vei ira era tawani Polinisia, Maikoronisia kei na veivanua e Melanisia ena maliwa ni 1200 kei na 1000 na yabaki ni bera ni sucu na Karisito. Ena gauna e kelikeli kina na kena dau, era dau kunea na tikitiki ni kuro na Lapita, ka caka mai ena qele damudamu ka ukutaki vakamaqosa ena ceuceu matai lalai. E Viti, e kunei na tikinikuro na Lapita mai Natunuku mai Ba, delana nukunuku e Sigatoka, kei na veiyanuyanu me vakataki Naigani, Mago kei Vorovoro, mai Vanua Levu.

Fijian drua.

The Austronesian family connection

Fiji is part of the Austronesian family, established through pottery and language connections. The first Fijians arrived on canoes that came from the west. The Austronesian family includes Madagascar to the west and Rapa Nui (Easter Island) to the east. Most people who belong to this family use the same words to count from one to ten. Austronesians are known as great navigators. In Fiji the double-hulled canoes in which these long voyages were made are called 'drua', which means 'twins'.

One legend has it that a canoe called *Kaunitoni* brought Lutunasobasoba, a chief, to Fiji from Tanganyika in Africa. He lived with his children at Nakauvadra on Viti Levu, the largest of the Fijian islands. When they arrived at Vuda on Viti Levu, some people stayed while others hiked across the island to settle. After Lutunasobasoba died, his brother Degei and their descendants moved to other islands in Fiji.

EARLY LIFE IN FIJI

Traditional Fijian society was hierarchical. Village leaders were chiefs who were chosen according to rank, which was established through descent. Spiritual leaders were important. A monetary system was created and tabua (polished sperm whale teeth) were used as currency. Warfare was part of everyday life, as was the practice of cannibalism.

First Europeans to visit Fiji

1643	Dutch explorer Abel Tasman passes through the northeastern islands.
1774	Captain James Cook passes through the southeastern islands.
1789	Captain William Bligh travels through Fiji in his longboat after the mutiny on the HMS *Bounty*.
1792	Bligh returns to explore more of Fiji.
1800–1820s	The discovery of sandalwood brings European traders. Traders discover edible sea cucumber. European settlement begins at Levuka. Arrival of first European missionaries from the London Missionary Society.
1838	Methodist missionaries arrive.
1840	Visit of United States Exploring Expedition. Levuka develops further as the main European settlement.

Na i Semi ki Austronesia

O Viti e lewe ni vuvale ka vakatokai me Austronesia, oqo e semati ira na kuro ni Viti kei na vosa. Nai matai ni iTaukei era kele mai ena waqa mai na ra kei Viti. Na vanua vaka Austronesia e wili kina o Madagascar ki na ra kei Rapa Nui ki na tokalau. Vuqa vei ira era lewena na vuvale oqo, e tautauvata na nodra wiliwili mai na 1 ki na 10. Era kilai tani ena dausoko. Na waqa na drua e dua na waqa ka dau vakayagataki ena soko balavu.

> Nai talanoa makawa e kainaki kina ni a vodo mai o Lutunasobasoba, edua na Turaga levu, mai Taqaniika e Aferika. E a bula tiko okoya kei ratou na luvena e Nakauvadra, Vitilevu, oqo na yanuyanu levu duadua e Viti. Ni ra yaco mai Vuda, eso na nonai lawalawa era tiko mai, ka so era takosova na veitokaitua e lomai Viti Levu. Ni sa mai leqa o Lutunasobasoba, eratou sa mai toki na tacina o Degei kei na nona kawa ki na so tale na veiyanuyanu e Viti.

GAUNA MAKAWA E VITI

Na veikorokoro vakaviti era vakai-vakatagedegede se duidui na itutu vakavanua. Era tiko sara e cake na dra Turaga ka nodra na veiliutaki. O ira qo era sucu mai ena vuvale vaka Turaga. Na veiliutaki e dua na ka bibi. E dau vakayagataki na tabua me i lavo ni veivoli. Nai valu e a tiki tu ni nodra bula e veisiga, ka vakakina na veikanikani.

Vuasagale, a sperm whale tooth necklace.

Veitarataravi ni Vulagi ena sikovi Viti

Ena **1643** e yaco mai Viti o Abel Tasman na turaga ni Oladi ka soko ravita na Vuaicake kei Viti.

Ena **1774** e soko ravita na Tokalau cevaceva kei Viti o James Cook na kavetani rogo.

Ena **1789** e soko takosovi Vitilevu kei Vanualevu o kavetani William Bligh ena nodratou waqa ena nodratou vakasoburi tani mai na HMS *Bounty*.

Ena **1792** e soko lesu tale mai Viti o kavetani William Bligh me tosoya nona vakadidike.

Ena maliwa ni **1800–1820** e tekivu kunei na Yasi e Viti ka ra gole mai na dauveivoli mai Iurope. E kunei talega na dairo ni wasaliwa. Era tekivutaki Levuka, Ovalau me dua na koro vakavavalagi. Sa tekivu ni gauna me ra yaco mai na i matai ni Daukaulotu ni London Missionary Society.

Ena **1838** era yaco mai na italatala ni lotu Wesele.

Ena **1840** e sikovi Viti mai na tabani na Vakadidike ni matanitu o Amerika, United Stated Exploring Expedition. Sa tete o Levuka me nodra itikotiko tudei na vulagi mai Vavalagi.

GOVERNMENT

Since the 1800s, the government of Fiji has been subject to many changes that have reflected changes in the country's economy and ethnic mix. The Fijian government has suffered coups d'état on several occasions.

1858 Arrival of first British consul to Fiji.

1870s Population of foreigners in Fiji reaches over 2000. First successful exports of sugar sent from Fiji to London. In 1879 the first indentured* Indian labourers arrived to plant sugarcane.

1874 Levuka declared the capital. Fiji is ceded by chiefs to Queen Victoria on 10 October 1874. Fiji is a British crown colony. British rule is established under a deed of cession.* Ratu Seru Epenisa Cakobau (1815–83) became the king of Fiji from the date of Fijian cession to Britain. He lived on the island of Bau in the province of Tailevu.

1882 Cakobau dies. Municipality* of Suva is established.

1904 Legislative Council made up of elected Europeans and nominated Fijians is set up to advice the British governor.

1916 First Indian person appointed to Legislative Council.

1920 British government in India cancels its system of indentured labour. Over 61,000 labourers had arrived in Fiji over the 37 years of the indenture system.

1963 All indigenous Fijians, men and women, gain the right to vote, and indigenous representation on the Legislative Council is made elective except for two members chosen by the Great Council of Chiefs.

1970 On 10 October Fiji gains independence, ending 96 years of British rule.

1972 First post-independence election held.

1987 On 14 May Lieutenant Colonel Sitiveni Rabuka carries out a coup d'état,* followed by another in September. Rabuka makes Fiji a republic, cutting links to the British monarchy. Fiji's first president is appointed by Rabuka.

1990 A new constitution gives ethnic Fijian domination of the political system.

1992 Rabuka becomes prime minister.

1997 A new constitution is supported by most leaders of the iTaukei and the Indo-Fijian communities.

1999 Mahendra Chaudhry becomes first prime minister of Indian descent.

2000 George Speight leads a civilian coup d'état. Commodore Frank Bainimarama assumes power.

2001 A general election is held and Laisenia Qarase is elected prime minister. Fiji is readmitted to the Commonwealth.

2006 Bainimarama executes another coup d'état, this time against Qarase's government. He appoints Josefa Iloilo as president.

2009 Fiji's Court of Appeal rules that the 2006 coup was illegal and revokes the constitution. Bainimarama is reappointed prime minister.

MATANITU

Na matanitu e Viti,e lako curuma e levu na veiveisau mai na gauna ea tekivu kina mai na 1800. E a kilai talega o Viti ena vica na vuaviri ena vica na yabaki sa oti.

Ena **1858** e yaco mai Viti na I matai ni mata i Bolatagane e Viti.
Ena **1870** sa tubu na kedra iwiliwili na vulagi me yacova na 2000. E ka ni marau ni sa tekivu volitaki na suka i Lodoni. Ena 1879 era tekivu yaco mai na Idia me ra mai teitei ena loga dovu.
Ena **1874** sa vakadonui me koroturaga kei Viti o Levuka. Era soli Viti o ira na Veituraga bale Sa soli o Viti vua na Ranadi o Vikatoria ena 10 ni Okotova, 1874. Sa wili o Viti ena matanitu vakoloni ena veiliutaki i Peritania ena veiyalayalati ni kena soli o Viti ki Peritania. E buli koya ga o Ratu Seru Epenisa Cakobau (1815–83) me Tui Viti mai na gauna ni soli kina o Viti ki Bolatagane. E vakaitikotiko ena yanuyanu o Bau ena yasana o Tailevu.
Ena **1882** e mate kina o Cakobau. E tekivu kina o Suva me itikotiko* na veivoli kei na matanitu.
Ena **1904** na matabose ni 'Legislative Council' era lewena na to turaga ni vavalagi kei ira na mata digitaki ni iTaukei me ra daunivakasala vua na Kovana.
Ena **1916** e digitaki na matai ni mata ni Idia ena Legislative Council.
Ena **1920** e bokoca laiva na matanitu o Bolatagane mai Idia na nodra vakau mai na Idia ki Viti. E sivia ni 61,000 na daucakacaka mai Idia era yaco mai Viti ena 37 na yabaki ni veidinadinati* oqo.
Ena **1963** o ira kece na kaiviti, turaga kei na marama e vakalawataki na nodra dodonu mera veidigidigi ka vakadonui na digitaki ni iTukei ena Legislative Council ka rua ena digitaki mai na bose levu vakaturaga.
Ena **1970** ka 10 ni Okotova e tugalala kina o Viti ka oti kina e 96 na yabaki nona vakarurugi tu vei Bolatage.
Ena **1972** e vakayacori kina na matai ni veidigidigi ena gauna ni tugalala.
Ena **1987** ka 14 ni Me, e vuaviritaka na matanitu o Kanala Sitiveni Rabuka, oqo na matai ni vuaviri* ka tarava e dua tale vakayacori ena Seviteba ena yabaki vata ga o ya. E veisautaki Viti o Rabuka me Republic ka musuka kina na isema kei Bolatagane. Na imatai ni Peresitedi e Viti e digitaka o Rabuka.
Ena **1990** e tekivu kina na matai ni lawatu, ka solia vei ira na iTaukei ka kaukaua ni veiliutaki vakapolitiki.
Ena **1992** e veiliutaki o Rabuka me prime minister.
Ena **1997** e vakadavori e dua na lawatu vou ka veitokoni kina o ira na iTaukei kei ira na Idia e Viti.
Ena **1999** e veiliutaki o Mahendra Chaudhry me matai ni prime minister vei ira na Idia.
Ena **2000** e vakayacora o George Speight e dua na lewenivanua na vuaviri. E vakayaco lomana o Commodore Voreqe Bainimarama me liutaka na matanitu.
Ena **2001** e yaco e dua na veidigidigi ka digitaki o Laisenia Qarase me prime minister. E vakalesui tale o Viti me lewe ni matanitu cokovata kei Bolatagane.
Ena **2006** e kovea ena vuaviri o Voreqe Bainimarama na matanitu kei Laiseni Qarase. E digitaki Josefa Iloilo me peresitedi.

2013	A new constitution is enacted.
2014	Bainimarama and his Fiji First Party win the first general election held since 2006. Bainimarama becomes prime minister.
2022	After general elections held in December, Sitiveni Rabuka becomes prime minister.

Independence

Fiji became independent from Great Britain on 10 October 1970 after 96 years of colonial rule. Prince Charles represented Queen Elizabeth II at the independence ceremony. Ratu Sir Kamisese Mara became the first prime minister.

> ***Word meanings**
> *Cession* is the act of officially giving away land or property.
> A *municipality* is a town or district where local government is based.
> *Indenture* is a form of labour where a person is contracted to work without pay for a fixed amount of time or until a debt has been paid.
> A *coup d'état* is a sudden and illegal removal of a government, usually by the military.

THE FIJI REPUBLIC

After the military coup led by Sitiveni Rabuka in 1987, Fiji became a republic. In a republic the people elect representatives to run the country. They also choose a president; there is no ruling monarch in a republic.

The flag of Fiji
Fiji adopted its national flag upon independence from British rule in 1970. The images on the flag show the importance of agriculture in Fiji: within the shield a lion holds a cocoa pod, and a sugar cane, a coconut palm and a bunch of bananas are shown. The dove is a symbol of peace and the blue background stands for the Pacific Ocean.

Every year in the week leading up to 10 October there is a festival of events across Fiji, concluding with celebrations marking Fiji's official date of independence from British rule. Celebrations include street parades, festivals, speech events, and military processions and ceremonies.

Ena **2009** e vakatauca nona lewa na mataveilewai na Fiji Court of Appeal ni cala vakalawa na vuaviri ni 2006 ka voroka kina na lawatu. E digitaki tale o Bainimarama me prime minister.

Ena **2013** e tekivu taki vakalawa e dua na lawatu vou.

Ena **2014** e qaqa o Bainimarama kei na nona party ena veidigidigi ni oti nona vuaviri taka na matanitu ena 2006. E yaco me prime minister o Bainimarama.

Ena **2022** vula o Tiseba e qaqa o Sitiveni Rabuka ena veidigidigi ka soli vua na itutu vaka Prime Minister.

*iBalebale ni Vosa
Cession: oqo na kena soli ni qele se vale.
Municipality: oqo edua na taoni se koro vakavavalagi e cicivaki tiko kina edua na tabana ni matanitu.
Indenture: oqo edua na mataqali veivakacakacakataki ka dau caka me yacova ni sa saumi oti na dinau
Coup d'état: Oqo na vuaviri ka tauri kina vakaukauwa na veiliutaki ni matanitu vakauasivi mai na mataivalu.

Tu Vakataki Koya

E tu galala o Viti mai vei Peritania ena ka 10 ni Okotova 1970, ni oti na nona liutaki ena loma ni 96 na yabaki. E sosomitaka na Ranadi o Elisapeci II na luvena o Prince Charles ena soqo ni tu vakataki koya. A digitaki o Ratu Sir Kamisese Mara me matai ni paraiminisita.

MATANITU TU VAKATAKI KOYA

Ni oti na vuaviri ka liutaka o Sitiveni Rabuka ena 1987, e sa mai veisau o Viti me tu vakataki koya. Ena republic, o ira na lewe ni vanua era na digitaki ira na veiliutaki. Era digitaka talega na peresitedi, ka sega ni dua na veiliutaki vaka Tui.

Na Kuila ni Viti
Ena gauna ni tu vakataki koya o Viti mai vei Peritania ena 1970, e sa digitaka o Viti edua na drotini. Nai vakatakilakila e tu ena drotini e vakaraitaka na kena vakayagataki na qele ena teitei. E kunei edua na isasabai ka tiko kina na laione e roqota toka edua na vua ni koko, dua na taba ni dovu, vuniniu kei na dua na veta jaina. Na ruve e i vakatakilakila ni gauna ni sautu, kei na roka karakarawa e vakatakilakilataka na wasa Pasivika.

Ena veiyabaki, volekata yani na ka 10 ni Okotova, edau caka edua na soqo ka dau marautaki kini na siga ni tu galala i Viti mai vei Bolatagane. E dau caka kina na veimeketi, na veivakamarautaki, vosa, vakatasuasua ni mataivalu kei na veisoqo tale eso.

POPULATION

In 2023, Fiji's population was an estimated 939,081 people. Nearly 90% of the population live on two major islands, Viti Levu and Vanua Levu. Fiji ranks 162nd in the list of countries by population.

Indo-Fijians

In 1879 the British colonial government brought Indian people to Fiji as indentured labourers to work on sugarcane plantations, mainly on Viti Levu and Vanua Levu. The labourers signed agreements that kept them in Fiji for five years before they could return to India, but only about 20% left. In the 1940s Indo-Fijians made up the majority of the population. This began to change in the 1980s and 1990s as migration increased, with a large number of Indo-Fijian people departing.

THE ECONOMY

Tourism is Fiji's largest economic activity, bigger even than sugar, which is the main agricultural product exported from the islands. In 2023 Fiji welcomed over 900,000 overseas visitors. Activities for tourists include boat cruises, snorkelling, cultural shows, quad biking, historical tours, river tubing, village visits and tours to explore nature. For many tourists, beaches and swimming are the main drawcard.

Sugarcane

Sugarcane farming began in the 1870s at Nausori, on the eastern side of Viti Levu. However, the area proved too wet and the industry slowly moved to the island's western side as well as to Macuata province on Vanua Levu. In recent decades the industry has declined, with the number of sugarcane growers about half of what it once was. In an effort to revive the industry, in 2023 the government announced plans to build a new sugar mill in Rakiraki at a cost of about US$100 million (approximately NZ$164 million).

WILIWILI NI LEWE NI VANUA

Ena yabaki 2023, nai wiliwili ni lewenivanua e Viti e rauta ni 939,081. E rauta ni 90% era vakaitikotiko ena yanuyanu levu e rua o Viti Levu kei Vanua Levu. O Viti ei ka 162 ni vanua ena levu ni wiliwili ni lewe ni vanua.

Wekeda na Idia

Ena yabaki 1879, e a kauti ira mai na Idia na matanitu o Peritania me ra mai cakacaka ena veiloga dovu e Viti Levu kei Vanua Levu. O ira na mai cakacaka, era sainitaka edua na veidinadinati me mai yabaki 5 e Viti ni bera ni ra lesu tale i Idia ia e ra lewe 20% era lesu. Qai donuya yani na yabaki 1940, esa toso cake na kedrai wiliwili na Idia. Ena 1980 ki na 1990, esa lutu sobu na kedrai wiliwil na Idia, baleta ni ra sa biubiu vakalewe levu ki vanua tani.

BULA VAKAILAVO NI MATANITU

Na saravanua edua na sala ni rawai lavo duadua ni matanitu o Viti, ka sa sivita tale nai lavo e rawata tiko mai na suka. Ena yabaki 2023, o Viti e ciqoma e rauta ni ra lewe 900,000 na vulagi saravanua. Na veika era cakava na saravanuae e wili kina na vodo waqa, nunu, sara meke, sarasara ena koro makawa, veisiko ena veikorokoro kei na saravi ni veikau. Era lewe levu na saravanua era dau taleitaka na lako ena baravi kei na sisili.

Dovu

E tei taumada na dovu ena yabaki 1870 mai Nausori, ena tokalau kei Viti Levu. Qai sega ni tubu vinaka baleta ni sa rui vanua ucauca vakalevu, sa qai mani tokitaki na tei dovu ki na yasayasa vaka ra kei na yasana o Macuata e Vanua Levu. Ena vica na taba yabaki sa qai sivi, sa tekivu lutu sobu nai wiliwili ni dovu e tei. Ena kena sagai me toso cake na tabana ni tei dovu ena yabaki 2023, esa tuvana na matanitu edua na vanua ni qaqi suka vou e Rakiraki ka kena isau vakailavo e USD $100 na milioni.

Language

Fijian is a rich language, with over 300 dialects still spoken across the country. The iTaukei Institute of Language and Culture manages language programmes and resources for schools.

When missionaries William Cross and David Cargill heard different dialects of Fijian spoken in the provinces of Lau, Rewa and Tailevu, they developed and recorded 23 Fijian matanivola (alphabets), and listed five votu (vowels). Today, many Fijians speak the Bauan language.

THE FIJIAN ALPHABET

There are 23 letters in the Fijian alphabet: A B C D E F G I J K L M N O P Q R S T U V W Y

Vowels

There are two types of vowels, short and long. Long vowels are not usually shown in writing except in dictionaries and textbooks, where they are indicated by a macron (ā). When pronounced, a long vowel sound is sustained for more time than a short vowel.

A	as in far, car, ha
E	as in empire, envelope, encourage
I	as in it, hit, sit
O	as in hop, top, over
U	as in universe, unique, union

Consonants

Most consonants are pronounced the same as in English.

B C D G F J K L M N P Q R S T V W Y

There are five exceptions:

B	pronounced 'mb'; as in scra**mb**le
C	pronounced 'th'; as in fea**th**er
D	pronounced 'nd'; as in Su**nd**ay
G	pronounced 'ng'; as in fi**ng**er
Q	pronounced 'ng'; as in ma**ng**o

Vosa

Na vosa vakaviti edua na vosa vakasakiti, e rauta ni 300 na kena vosa veiwekani e cavuti tiko ena veiyasai Viti ena gauna oqo. Na tabana ni iTovo kei na Vosa vakaviti eratou qarava tiko na parokaramu ni vuli vosa ena veikoronivuli.

Ena nodrau yaco yani i Viti o rau na daukau lotu; William Cross kei David Cargill, erau rogoca na duidui ni vosa e vosataki tiko ena veiyasai Viti, vakauasivi na yasana o Lau, Rewa kei Tailevu. Erau mai vola e 23 na matanivola, 5 na votu. Ena gauna oqo, e sa vakayagataki tiko ga na vosa vaka Bau e levu na lewei Viti.

NA MATANIVOLA

E rauta ni 23 na matanivola vakaviti: A B C D E F G I J K L M N O P Q R S T U V W Y

Votu

E rua na mataqali votu, leleka kei na balavu. Na votu balavu e laurai ena volavola ka sega ni wili kina na dictionary kei na ivola idusidusi ka laurai ena matanivola e toqai e cake. Ni cavuti, na votu balavu e yaraki mai na votu leleka.

A	as in far, car, ha
E	as in empire, envelope, encourage
I	as in it, hit, sit
O	as in hop , top, over
U	as in universe, unique, union

Vosa leleka ni veitalanoa

E levu na matanivola era cavuti vakatautauvata me vaka na vosa vaka-vavalagi.

B C D G F J K L M N P Q R S T V W Y

E vo ga e lima:

B	pronounced 'mb'; as in scra**mb**le
C	pronounced 'th'; as in fea**th**er
D	pronounced 'nd'; as in Su**nd**ay
G	pronounced 'ng'; as in fi**ng**er
Q	pronounced 'ng'; as in ma**ng**o

BASIC WORDS AND PHRASES
MATUA VOSA VAKAVITI

Hello, welcome	Bula
How are you?	Vacava tiko?
I am well, thank you	Sa bulabula vinaka tiko
Thank you; thank you very much	Vinaka; vinaka vaka levu
Goodbye or good night	Moce
Please	Kerekere
Yes	Io
No	Sega

Numbers 1–10 — Wiliwili 1–10

1	Dua
2	Rua
3	Tolu
4	Va
5	Lima
6	Ono
7	Vitu
8	Walu
9	Ciwa
10	Tini

Colours — Roka

Tropical colours are part of Fiji's landscape. Flowers, birds and many living things reflect Fiji's colourful beauty.

Na veimataqali roka e tiki ni tuvaki totoka ni vanua. Na veisenikau, manumanu vuka kei na veika bula e serauna na rairai vinaka ni vanua o Viti.

Red	Damudamu
Yellow	Dromodromo
Blue	Karakarawa
White	Vulavula
Green	Drokadroka
Brown	Roka qele; kuvui
Purple	Lokaloka
Pink	Viqi
Orange	Roka Moli

Days of the week — Yaca ni siga

Monday	Moniti
Tuesday	Tusiti
Wednesday	Vukelulu
Thursday	Lotulevu
Friday	Vakaraubuka
Saturday	Vakarauwai
Sunday	Siga Tabu

Fijian Language Week in New Zealand — Macawa ni Vosa Vakaviti e Niu Siladi

Every year New Zealand hosts Fijian Language Week, usually in the second week of October.

Ena veiyabaki, na matanitu o Niu Siladi e qarava na macawa ni vosa vakaviti, ka dau vakayacori ena ikarua ni macawa ni vula o Okotova.

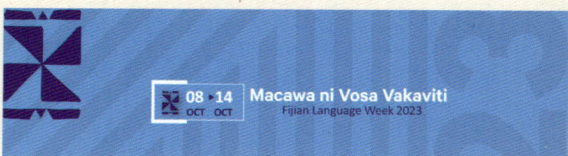

PROVERB

The coconut will only fall on the base of the tree

This proverb is equal to the English saying, 'The apple doesn't fall far from the tree'. It observes that the behaviour of children outside their home reflects how their families have taught them.

The mention of the coconut is appropriate because the coconut tree, known as the 'tree of life', is highly valued in Fiji. Some village groups use the niu as their totem plant, looking after a coconut tree that is very old and connects them to past generations.

VOSA VAKAIBALEBALE

Lutu na niu, lutu ki vuna

Na vosa vakaibalebale oqo e vakadeitaka na bibi ni nodra vakatavulici na gone mai vale. Era na vakaraitaka tikoga na gone nai vakavuvuli mai vale.

Na kena vakayagataki na niu e donu vinaka saraga ena vosa vakaibalebale oqo baleta ni dau kilai na niu ni kau yaga ka dau vakatokai talega me'kau ni bula'. Eso na veivanua e Viti, e nodra kau vakavanua na niu, e ka bibi vei ira mera maroroya na kau vinaka oqo.

Environment

GEOGRAPHY

There are more than 300 islands in Fiji, and approximately one-third are inhabited. They are formed from either coral atolls or volcanic rock. The four largest islands — Viti Levu, Vanua Levu, Taveuni and Kadavu — are all volcanic islands.

There are 14 provinces in Fiji.

WEATHER

Summers are hot and overcast, winters are comfortable and partly cloudy, and it is wet and windy all year round. Over the course of the year, the temperature typically varies from 20°C to 30°C and rarely goes below 17°C or above 32°C. The best time of year to visit Fiji for warm-weather activities is from early June to early October. The dry season is from May to October and the wet season is from November to April, with the tropical cyclone season between November and April.

Average annual rainfall (on main islands): 2000–3000 mm in coastal and low-lying areas, up to 6000 mm in the mountains
Average daily maximum temperature: between 26°C and 31°C
Average daily minimum temperature: between 21°C and 23°C
Lowest temperature on record: 12.3°C in January 2010
Highest temperature on record: 35°C in January 2013

Veika e vakavolivoliti keda

VANUA

E rauta ni 300 na levu ni yanuyanu kece e Viti, ka rauta ni dua naikatolu (1/3) ga na vanua e ra vakaitikotiko kina na lewe ni vanua. Eso na yanuyanu era yanuyanu cule ka so era buli mai ena vatu dina. Na va na yanuyanu lelevu e Viti sai Viti Levu, Vanua Levu, Taveuni kei Kadavu-eratou yanuyanu ka buli mai ena ulunivanua kama.

E rauta ni 14 taucoko a yasana e Viti.

DRAKI

Edau warumisa na draki ena vulai katakata, ena gauna ni batabata, edau tau vakalevu na uca ka cagicagi talega. Ena loma ni dua na yabaki, edau yacova yani na 17 ki na 32 na diqiri na kaukauwa ni katakata. Na gauna vinaka ni gade e Viti me donuya tiko na vula o Jiune ki na Okotova, ka sega soti ni katakata sivia. Na gauna ni cagilaba na vula o Noveba me yacova na vula o Epereli.

Na levu ni uca e dau tau ena yanuyanu lelevu: 2000–3000 mm ena vanua lolovira kei na baravi ka yacova na 6000 na mm ena veiulunivanua
Na levu ni vakarau ni katakata e cake:e tiko maliwa ni: 26°C kei na 31°C
Na levu ni vakarau ni katakata e ra: e tiko ena maliwa ni: 21°C kei na 23°C
Na draki batabata levu e tiko ena maliwa ni : 12.3°C ena vula o Janueri 2010
Na draki katakata e cake sara: 35°C ena vula o Janueri 2013

PLANTS

There are many plant species in Fiji, including some that are found only here. One of these is the tagimaucia, a woody vine that forms thickets high in the canopies of trees. This plant is found only on the island of Taveuni.

Plants are also important sources of food and raw materials. The coconut tree, for example, is used for food, furniture, cups and brooms. Bitu, or bamboo, is used for building houses and also to make rafts called bilibili, which are used on riverways.

Fiji is also home to some of the world's best-preserved rainforests.

Yaqona
The yaqona plant, which is a pepper plant, is used to make the national drink of Fiji, kava. The root of the tree is dried, pounded and mixed with water to make kava.

ANIMALS

Over a hundred species of animal are specific to Fiji, found nowhere else in the world. On the island of Yadua Taba in Bua Province lives one of the largest animals, the vokai, or Fijian crested iguana, which is critically endangered.

In the past the kula (collared lory), which is a lorikeet, was prized for its vibrant feathers, particularly the red ones. There were strong trading networks based on these feathers between Fiji, Tonga and Samoa but today the trade no longer takes place. The collared lory is native to Fiji and is the country's national animal.

Collared lory.

KAU

E levu na veimataqali kau, wili kina na kena era kune ga e Viti. Dua vei ira na tagimaucia, ka kunei ga ena yanuyanu o Taveuni.

Na kau era ivurevure talega ni kakana kei veiyau tale eso edau tali se buli. Dua na kenai vakaraitaki na vuni niu, e vakayagataki me kakana, ka tara talega kina nai yaya ni vale, bilo kei na sasa. Na bitu edau vakayagataki talega me tara kina na vale, tara kina bilibili me karataki ena veiuciwai.

O Viti e dua na vanua e sautu vuravura ena veikauloa.

Yaqona

Na yaqona edua na kau ka caka mai kina na wainivanua e Viti. Na waka kei na lewe ni yaqona e vakamamacataki, tuki veiwaki vata kei na wai me gunuvi.

Tagimaucia.

MANUMANU

E rauta ni sivia e 100 na veimataqali manumanu e kunei ga e Viti ka sega ni kuane e dua na yasai vuravura. Ena yanuyanu o Yadua Taba ena yasana o Bua, e kune ga kina na vokai ka voleka sara tiko ni kawaboko.

Ena gauna makawa, edau taleitaki vakalevu na kula baleta ni dau vakayagataki na vutina. Eratou dau veisataka na vuti na kula na matanitu o Viti, Samoa kei Tonga ena gauna makawa, ka sa sega ni vakayacori tu ena gauna oqo. Edua na mataqali kula e manumanu vuka talei kei Viti.

Vokai, Fijian crested iguana.

Arts and culture

WHALESTOOTH

Tabua are made from the teeth of beached sperm whales. Because whales rarely beach the teeth are rare, making the tabua a highly-valued item. The teeth would be cleaned and polished using coconut oil, and turmeric was also sometimes rubbed on to darken the surface. A hole would be drilled into each end of the tooth, through which a plaited rope made from coconut sinnet (magimagi) was attached as a handle (tui ni tabua). Tabua are still used for special ceremonies and events, as a form of currency, and to unite people or settle a land dispute within a family.

WEAVING

The skill of talitali (weaving) is a female domain in Fiji. Tali kato, the craft of weaving traditional baskets, is a skill passed down through generations of women. The women on the island of Fulaga in Lau are known for their finely woven kato (basket). Today, woven baskets are also a source of income as they are sold at markets.

Mats (ibe) are a part of everyday life and are exchanged and used in rituals and ceremonies. Once finished, most mats are bordered with decorative and brightly coloured wool.

Materials used for weaving include pandanus leaves and coconut fibres. Pandanus is especially grown for weaving work and, once processed, is stored in large bundles to dry out before use.

iTovo kei na bula vakavanua

TABUA

Na tabua e caka mai ena bati ni tovuto. E ra sega ni dau takasa wasoma na tovuto, e vakavuna me lailai nai wiliwili ni bati ni tovuto e vakayagataki. Edau samaki na bati ni tovuto ka wali ena waiwai niu. Ena so na vanua, edau vakayatagataki na kari ni Idia me vakaloaloataka na tabua. Edua na qara edau qiva ena mua ni tabua ka qai dau cori na kena wa me kenai tautauri. Eso na wa ni tabua e caka mai ena magimagi. Edau vakayagataki na tabua ena vuqa na soqo bibi, vakayagataki mei lavo, ka dau semata na vanua kei na qele, ka dau vakayagataki talega ena soro.

TALITALI

Na kila ni talitali era kila vinaka ga na marama. Na tali kato edua na kila ka soli sobu mai ena vica na tabatamata. O ira na marama ni Fulaga ena yasana o Lau, era dau talia na kato matai lalai. Ni kua, e ivurevure ni lavo tu qo na basikete ka dau volitaki ena vei makete.

Na ibe e dau vakayagataki ena bula ni veisiga, ka dau vakayagataki talega ena vuqa na soqo vakaviti. Ni sa dau tali oti na ibe, esa qai dau ukutaki ena veimataqali roka ni kula.

Edau vakayagataki na drau ni voivoi kei na drau ni niu me tali kina na ibe. Na voivoi e tei saraga vakatabakidua me tali kina na ibe. Ena gauna e tavi oti mai kina, e dau vakamamacataki, e qai cibini ka maroroi ena vanua mamaca ni bera ni vakayagataki.

CARVING

The woodcarver's role used to be very important because he would make items such as clubs that were used not only in war but also as a symbol of authority in ceremony and dance. Today these weapons are used only in a symbolic manner.

Tongan and Samoan carvers brought mask carving to Fiji. The craft was used to represent gods and societal values. Today, masks are used mainly for decoration.

The carved item most regularly used is the tanoa, the wooden bowl made to hold and mix kava or yaqona. These bowls are made of vesi, known as 'iron-wood', a wood also used to make canoes.

Drua — canoes

Drua (pronounced 'n'drua) are Fiji's double-hulled canoes. The islands of Kabara and Fulaga in Lau Province were Fiji's traditional boatbuilding centres. Early Tongan and Samoan boatbuilders would arrive here to source the hardwood for their own canoes. Today the Lemaki and Jafau clans are descendants of those migrants.

The hull of a drua is made by joining many planks of wood together using a coconut husk fibre cord called magimagi. Sails are triangular and made of pandanus. In the past very large drua were necessary to travel between islands and also for warfare. In modern times a smaller version called a camakau is used for fishing.

In the Fiji Museum the Ratu Finau Mara canoe, built in 1913, is the last complete oceanic canoe that the public can view. Today the 'Drua Experience', who have smaller double-hulled canoes, hold educational sailings in Suva Harbour.

TATTOO

Before the arrival of missionaries in Fiji, women were the veiqia (tattoo) artists. When a young female reached an age where she could be married, she would receive veiqia. From the 1800s the practice was stopped because missionaries did not approve. Since 2015 a group of Fijian women living in Australia, New Zealand and the USA have been working on The Veiqia Project in a bid to revive this art form. Today many Fijians choose to take tattoo, without ceremony, and use it as a visual reference to their identity.

SIVISIVI

Na nodrai itavi na dausivisivi ena gauna makawa e okati kina na nodra sivita na iwau kei na veimataqali iyau ka dau vakayagataki ena soqo kei na meke. Ena gauna nikua, nai wau era vakayagataki ga mei ukuuku.

Era dau kau mai Viti na dau sivisivi mai Tonga kei Samoa. Ena gauna makawa era dau sivita na matavulo ia ena gauna oqo, sa vakayagataki tu ga mei ukuuku.

Na tanoa edau vakayagataki ena kena waki kei na gunuvi na yaqona. E caka mai na vesi, ka kilai tu me 'kaukamea', oqo na kau e dau vakayagataki me ta kina na drua lelevu.

Waqa drua

Na drua na yaca e vakatokai ena waqa ka rua na kena cama e Viti.

Na vanua o Kabara kei Fulaga e rau kilai tani ena tara ni waqa lelevu vaka oqo. Ena gauna e liu, era dau cabe mai na wekada mai Tonga kei Samoa me ra kauta na vesi me laki tara kina na nodra waqa. Ena gauna nikua, na rua na yavusa, na Lemaki kei na Jafau erau i vakadinadina ni nodra mai tu e Lau na dau sivisivi ni Tonga kei Samoa.

Na dagodago ni drua era dau semata na kau ni waqa ka vesuka vata ena wa magimagi. Na kena laca e tali mai ena voivoi. Ena gauna makawa, e ka bibi mera vodo ena waqa ena gauna ni valu. E tiko talega edua na waqa lailai ga ka yacana na camakau, ka dau vakayagataki ga ena siwa.

Ena Vale ni Yau Maroroi e Suva, e tiko kina edua na waqa vakaviti levu ka yacana na Ratu Finau, ka a tara ena 1913. Nikua e rawa ni o vodoka edua na waqa drua lailai toka ena toba o Suva, ka vakayagataki me waqa ni sarasara kei na vuli.

VEIQIA

Ni bera ni ra yaco mai na daukaulotu, era dau qia na marama ni Viti. Ni se bera ni vakawati edua na goneyalewa, e dau qia na yagona mai vua na daubati. Mai na yabaki 1800, esa tarovi na veiqia mai vei ira nai talatala daukaulotu. Ena yabaki 2015, eratou tekivutaka edua na ilawalawa marama mai Ositerelia kei Niu Siladi e dua na parokaramu ni vulici ni veiqia. Nikua, era sa lewe levu na gone iTaukei era sa gadreva me ra qia mei vakaraitaki ni vanua era cavutu mai kina.

MASI

Masi is usually made by women using the inner bark of the paper mulberry tree. The bark is stripped, soaked in water, then beaten into sheets with an ike (wooden mallet). Pieces are joined together to make large sheets. Motifs are added using red, brown or black dye to make patterns; some of these can be passed down through generations. Patterns can be stencilled, stamped or painted onto the material. Masi can been used for bedding, house partitions and men's clothing. It also features at important ceremonies such as funerals, weddings and births, where very large pieces are sometimes cut up and given to individuals.

POTTERY

Before European contact, Fiji supplied Tonga and Samoa with pottery. The pottery tradition is still active in the provinces of Nadroga and Rewa because generations of women have passed down the methods of gathering clay and sand, and firing the pots. Products include pots, necklaces and bowls, which these days are mostly sold as tourist souvenirs.

MEKE

Meke are traditional storytelling dances that include music and singing. Some meke are performed only by women, others only by men. The vakamalolo is a sitting dance performed by both women and men. The cibi is a Fijian war dance; the Fijian rugby team performs a cibi before its international games.

MASI

Na masi era dau cakava ga na marama, ka caka mai ena dua na vunikau ka yacana saraga na masi. Edau drudru na kuli ni masi, toni e wai me vica na siga, qai samu ka vakayagataki kina na ike. Era qai dau semata na tikitiki ni masi lalai, me dua na tiki ni masi levu. Oti, era sa qai boroya ena roka loaloa kei na dravu. E levu na mata ni kesakesa oqo e soli sara mai vei ira noda qase ena gauna makawa.

Na masi edau vakayagataki me i yaya ni moce, dau wasei kina na rumu ena loma ni vale, ka daramaki talega mei sulu. Edau vakayagataki talega ena vuqa na soqo me vaka na somate, vakamau kei na siga ni sucu. Ena so na gauna, edau koti na masi lelevu me tikina lalai me rawa ni wasei vakailoloma vei ira na veiwekani.

TULITULI

Ni bera ni ra yaco mai na vulagi e Viti, e ra dau wasea na nodra i yau ni tulituli ki Tonga kei Samoa. Na kila ka ni tulituli se bula vinaka tiko e Viti, vakauasivi ena yasana o Nadroga kei Rewa. E soli sobu tiko mai na kilaka mai vei ira na marama ena vica nai tabatamata. Oqo na kilaka ni tulituli, mai na kena kau mai na tete, kei na kena laki kama. Ena gauna qo, o na rawa ni raica na kena buli na kuro ni vakasasaqa, taube kei na boulu, ka dau volitaki vei ira na saravanua.

MEKE

Na meke e sala ni talanoa ka curu tiko e loma na lagasere kei na i vakatagi. Eso na meke era meketaka ga na marama, ka so na turaga. Na vakamalolo edua na mataqali meke dabe. Na cibi e dau meketaki ena gauna ni valu, ia na gauna oqo esa dau vakayagataki ni se bera ni tekivu na qito rakavi.

Celebrations and sports

CELEBRATIONS AND FESTIVALS

Fiji Independence Day

On 10 October 1970 Fiji gained independence from Britain. Today it is marked by Fiji Day, a public holiday that comes at the end of the Fiji Week celebrations of local culture and history. Singing and dancing performances, parades and street parties take place throughout the country to celebrate. Fijians all over the world, including in New Zealand, celebrate Independence Day.

Chinese New Year

Chinese New Year begins between late January and late February and lasts for 15 days, from the new moon to the full moon. The Fijian Chinese community celebrates it with parades, dance performances and cultural displays. In 2024 Fiji Post issued a set of commemorative stamps celebrating the Year of Dragon to celebrate the beginning of the Chinese New Year.

Diwali

Diwali is a Hindu celebration that honours the triumph of good over dark, which is one reason people light diyas (candles). It is a festival celebrated by Indo-Fijians. Known around the world as the Festival of Lights, in Fiji Diwali is a national holiday and a time for people to exchange gifts and share food, hold parties and attend lightshows and firework events.

Festival of the Friendly North

Held at Labasa, this festival is a celebration of the culture and history of the Indo-Fijian people of the town. The festival is over 40 years old and includes a pageant to find the King and Queen of the Friendly North Festival and other awards such as Mr Personality and Miss Charity.

The Lautoka Sugar Festival

The Lautoka Sugar Festival is an annual event that involves setting up food stalls, music and dance performances, and a beauty pageant. Women and men compete to be crowned Lady Sugar and Mr Sugar King and other such titles.

Soqo ni marau kei na qito

SOQO NI YABAKI

iVakananumi ni Tu vakataki Koya
Enai ka 10 ni Okotova, 1970, a tu vakataki koya kina o Viti mai vei Peritania. Ni kua, esa dau vakananumi kina na siga oqo, me vaka edua na siga ni olodei e Viti. Edau taura e dua na macawa taucoko na kena marautaki na siga ni vakananumi oqo. Edau caka na lagasere, meke kei na danisi ena tolo ni gaunisala. Era dau marautaka talega na siga oqo na luvei Viti mai na veiyasai vuravua.

Yabaki Vou vaka Jaina
O ira na wekada na kai Jaina era dau marautaka na nodra siga ni vanua ena mua ni macawa ni vula o Janueri kei na vula o Veverueri. O ira na wekada na Jaina e Viti era dau meke, ka vakaraitaki cakacaka ni liga ena gauna vakaoqo. Ena yabaki 2024, na kabani na Fiji Post e tabaka e vica na sitaba ka marautaki kina na manumanu na dragon, ka ma marautaki kina na yabaki vou vaka Jaina.

Diwali
Na soqo na Diwali na nodra soqo na lewe ni lotu na Idu. Oqo na soqo e dau marautaki kina na qaqa ni rarama mai na butobuto, ka levu era vakawaqa kadrala kina. Oqo edua na soqo kilai levu duadua vei ira na wekada na Idia. Edau kilai tu ena veiyasai vuravura me soqo ni rarama. Na Diwali e Viti e dua na siga ni veisoli loloma, kakana, mamarau kei na vakacabotetaki rokete.

Soqo mai na Vualiku
Na soqo oqo edau vakayacori mai na taoni o Labasa ena vualiku kei Viti. Oqo e dua na soqo e dau kauti ira vata mai na wekada na Idia ena veivanua oqo. Sa rauta ni 40 na yabaki na kena marautaki tiko na soqo oqo, ka wili kina na nodra dau veisisivi na kena goneyalewa kei na cauravou enai tutu ni Ranadi kei na Tui. E tiko talega nai cocovi vei koya e kumuna nai lavo levu duadua.

Soqo ni Suka e Lautoka
Na soqo ni Suka e Lautoka e dua na soqo ka dau vakayacori ena veiyabaki. Edau volitaki na kakana, ka levu na meke, rogo i vakatagi kei na veisisivi ni Ranadi kei na Tui.

Firewalking ceremonies

Vilavilairevo, which means 'jumping into the oven', is the indigenous Fijian firewalking ceremony. There is also a South Indian firewalking festival held in Suva at Sri Raj Maha Mariamman Temple.

Vilavilairevo comes from the island of Beqa and marks a rite of passage for the firewalkers, who perform certain actions before making their walk. The Hindu ceremony also involves particular actions before a firewalk, including fasting and meditation. When they arrive at the temple the walkers go over the hot coals five times so they can be granted a balanced life.

Holi Festival of Colours

Holi, another Hindu festival, brings together people to throw coloured powder on each other. The festival is celebrated in spring to mark a time to move past bad feelings and come together. The colours of the powders mean different things: blue represents the god Krishna, yellow represents turmeric, green is for new beginnings and red represents love.

Kava ceremonies

Yaqona or kava is Fiji's national drink. It is made from the pounded dried roots of a special pepper plant (*Piper methysicum*).

Kava use in Fiji can be formal or informal. Informally it is consumed in social gatherings and offered to both men and women. Formally kava can be used to help find solutions to problems, or to mark an event such as a funeral, wedding or birthday.

In a formal ceremony, participants sit in a circle on the floor around the tanoa (kava bowl). The ceremony begins with the making of kava by mixing the powdered root and water.

Tanoa
Tanoa is the name of the kava bowl, and bilo is the drinking cup made from half a coconut shell. The tanoa is as important as the drink itself in a kava ceremony.

Those present acknowledge ancestors and those who have passed away in living memory, which connects the present with the past. Then the kava is served in a coconut shell. The chief or highest-ranking individual in the circle usually drinks first, then passes the shell on around the circle, where it moves from person to person in descending order of rank.

Ramadan and Eid al-Fitr (Festival of Breaking Fast)

Ramadan marks the month when Allah revealed the Quran to the Prophet Mohammad. During Ramadan Muslims do not eat or drink during the hours of daylight. Some people, including young children, are excused from fasting. During Eid, when Ramadan ends, Muslims open their homes to all Fijians to share special dishes.

Vilavilairevo

Na vilavilairevo e dua na soqo ni butu vatu katakata vei ira na wekada na i Taukei. E tiko talega na nodra butu vatu katakata na Idia ka dau vakayacori ena vale ni lotu na Sri Raj Maha Mariamman Temple.

Na vilavilairevo e dau vakayacori ga ena koro o Sawau, ena yanuyanu o Beqa, ka tiko na kena yavusa era dau vakaitavi kina. O ira na lotu Idu, era dau lolo ka masu tu mai vakabalavu ni bera ni ra mai butu vatu katakata. Ni ra yaco mai valenilotu, era taubale vaka lima ena dela ni vatu katakata, me rawa ni soli vei ira na bula vakacegu.

Holi

Oqo na nodra soqo na lotu Idu, ka dau kilai ena nodra dau kolotaka na pauta dui roka. Oqo na gauna e marautaki kina nomu sa na biuta tani na gauna dredre, ka vakanamata ki na bula vinaka. Na roka e tu na kenai balebale: na roka karakarawa e vakaibalebaletaki vua na kalou o Krishna, na roka dromodromo e vakaibalebaletaki ni kari ni Idia, drokadroka e vakaibalebaletaki ena dua nai tekitekivu vou, kei na damudamu e vakaibalebaletaki ki na loloma.

Yaqona

Na yaqona edua na gunu ka dau gunuvi e Viti. E caka mai ena waka ni dua na mataqali kau ka yacana na *Piper methysicum*.

Na yaqona e rawa ni gunuvi ena soqo bibi, ka rawa talega ni gunuvi ena gauna ni vuvale kei na vakacegu. Ena soqo bibi, edau gunuvi me kunei kina nai wali ni leqa, dau gunuvi talega ena soqo ni somate, vakamau kei na siga ni sucu.

Ena gauna ni soqo bibi, eda na dabe wavokita na tanoa. Ena tekivu me waki na pauta ni yaqona kei na wai. O ira na bula tiko era na dau cavuta na yacadra o ira na sa yali yani, ka semati ira mai vei keda na bula tiko. Oti sa qai soli mai na bilo meda gunu. Edau gunu e liu na Turaga ka ra qai gunu veitarataravi mai me vakamuria na nodrai tutu vakavanua.

Tanoa

Na tanoa edau vakayagataki ena gunu yaqona, na bilo e caka mai ena qa ni niu. Na tanoa edua nai yau bibi, ka dau vakayagataki ena soqo vakavanua.

Ramadan kei na Eid Festival

Na soqo na Ramadan edau vakayacori ena vula ka vakananumi kina na nona vosa o Allah vua na Parofita o Mometa. Ena gauna oqo, era dau lolo kina na musulomani, era sega ni kana se gunu ena lomaloma ni siga. O ira na gone se o ira na qase cake, era dau vakatabui mera lolo. Ni dau oti na soqo ni Ramadan, e qai dola na nodra veivale me ra sureti ira mai na nodrai tokani ena kana magiti.

SPORT

MODERN-DAY SPORT

Rugby union

Rugby union is the most popular sport in Fiji. Many Fijians have played and represented Fiji overseas, particularly in 15-a-side rugby, which is Fiji's national game. The national team, known as the Flying Fijians, are popular worldwide for their talent and flair. In three Rugby World Cup competitions they have reached the quarter finals, beating top-ranked teams including New Zealand (1987), Wales (2007) and France (2023). In 2022 the national women's team, the Fijiana, won the Oceania Rugby Women's Championship, claiming the title for the third time. In a game against Papua New Guinea in the Championship they scored 152 points.

Rugby Sevens

The Fiji Rugby Sevens team is among the most successful Sevens teams in the world. In 2016 and 2021 they won gold medals at the Olympic Games in Rio de Janeiro and Tokyo respectively. The 2016 win was the first time Sevens had been part of the Olympic Games and it was Fiji's first medal of any colour. The Fijiana Sevens women's team won a bronze medal at the Tokyo Olympics.

Rugby league

The men's national rugby team, the Fiji Bati, was formed in 1982 and has competed at five rugby league world cups. In 2018 the Bati decided to replace the traditional pre-game cibi with a hymn, 'This is my prayer', which they now sing before all matches. The women's national rugby league team is known as the Bulikula.

Other sports

Netball and soccer are popular in Fiji, and on the international stage Fiji has had representatives in golf, bowls, cricket, swimming, boxing, wrestling and surfing.

TRADITIONAL FIJIAN GAMES

In the past, Fijians created their own games, most of which were played in a group. People used resources around them for sports equipment. For instance, oranges were used for veimoli, a juggling game, and certain tree nuts, which were shaped like a disc, were thrown like modern-day discuses.

QITO

QITO VOVOU

Rakavi unioni

Na rakavi unioni edua na qito e taleitaki vakalevu e Viti. E lewe levu nai Taukei e Viti kei na veiyasai vuravura era taleitaka na qitora na qito oqo. Na qito lewe ya 15 era vakatokai me ra Flying Fijians. Ena tolu na qito lelevu ni vuravura, e yacova na kota fainala o Viti-oya mai Niu Siladi (1987), Welesi (2007) kei Varanise (2023). E na 2022 e ratou jabeni na timi ni marama, na Fijiana Oceania Rugby Women Championship, ka ratou yacova vakatolu ni tutu oqo. Ena dua na qito kei Papua Niu Kini, eratou laveta na rara ena 152 na poidi.

Rakavi lewe yavitu

Na timi ni rakavi lewe yavitu, eratou timi naba dua tiko ena vuravura taucoko. Ena 2016 kei na 2021, eratou rawata na koula ena qito ni Olympics mai Rio de Janeiro kei Tokyo. Na metali koula ena 2016 e se qai matai ni koula e rawata o Viti ena qito na Olympics. Na timi ni marama na Fijiana e rawata na varasa ena qito mai Tokyo.

Rakavi saumi

Na mata timi ni tagane na Fiji Bati e a tauyavu ena 1982, ka sa vakaitavi oti ena lima na qito ni vuravura. Ena 2018, e a sosomitaka na cibi na masu vakarisito. Era sa dau lagata na dauqito na sere na 'Oqo na Noqu Masu'. Na timi ni mrama e vakatokai me Bulikula.

Qito tale eso

Na qito na veitavi kei na veicaqe se soka e rau qito taleitaki talega e Viti, ka ra matataki Viti ena vuravura, wili kina na golf, kirikiti, qalo, veivacu, veibo kei na vatasisisi e dela ni waitui.

QITO MAKAWA VAKAVITI

Ena gauna makawa, e tu talega na nodra qito na noda qase, ka ra dauqitotake vakailawalawa. Era dau vakayagataka ga na veika e tu wavoliti ira me nodrai yaya ni qito. Dua na kenai vakaraitaki, na qito na veimoli, era vakayagataka ga na moli, kei na qito na veilavo, era vakayagataka na icibi se na veitiqa (ka kena ulutoa nai cibi).

Photograph credits

Front cover Jose Gil, (dancers); Hel080808, (fire dancer); Ymgerman, (market); all Dreamstime.
Back cover Alejandro Salcedo (dancers); Hel080808 (man).
Alejandro Salcedo pp. 12 (lower), p. 16 (bottom centre) 24, 25, 29, 40 (lower). *Alamy* p. 4 top Thomas Cockrem; p. 6 lower parkerphotography; p. 7 Douglas Peebles; p. 9 top Robert Harding, lower parkerphotography; p. 12 lower centre Douglas Peebles; p. 20 centre Danita Delimont; p. 26 top Thomas Cockrem; p. 27 bottom Kim Petersen; p. 28 top Buddy Mays, centre Robert Harding; p. 35 top Biosphoto; p. 36 lower Douglas Peebles; centre Tobias Peceva; p. 40 lower Robert Harding; p. 41 centre Thomas Cockrem; p. 43 top Imago; p. 45 top Michael DeFreitas Pacific; p. 46 top Peter Fitzpatrick; p. 47 top Action Foto Sports. *C. Lagahetau* p. 20 (top). *Courtesy of the Festival of the Friendly North* P. 43 (lower). *Dreamstime* p. 2 top Nigel Spiers, bottom Hel080808; p. 4 lower Bratty1206; p. 5 lower Rafael Ben Ari; p. 6 top Hel080808; p. 8 Hel080808; p. 10 top Michael Williams; p. 10 centre Eliaviel; p. 11 bottom Maloff2; p. 12 top Chrispyphoto; p. 13 top Timbre71; lower Marco Ramerini; p. 14 top Stbernardstudio, centre Rafael Ben Ari, lower Hel080808; p. 15 top Ymgerman, middle Michael Wozniak, lower Rafael Ben Ari; p. 16 centre left Ricky Kresslein, centre right Hel080808, lower Hel080808; p. 17 top Donyanedomam; p. 31 top Cosmopol; p. 34 top Atosan, middle Rafael Ben Ari, lower Feverpitched; p. 35 lower Donyanedomam; p. 36 lower Donyanedomam; p. 39 John Jewell; p. 40 top Yobro10; bottom Eliaviel; p. 44 left Donyanedomam, lower Rafael Ben Ari; p. 45 lower Rafael Ben Ari; p. 47 lower Atgimages. *iStock–ksroy* p. 46 (lower). *Michael Suessen* p. 10 (lower). *Museum of New Zealand Te Papa Tongarewa* p. 19 lower FE002124/7 Gift of Sir A. Gordon, 1882; p. 21 OL002067 Oldman Collection, Gift of the NZ Government, 1992; p. 36 top FE000229/1 Gift of R.L. Holmes, 1887; p. 38 top OL000609 Oldman Collection Gift of the NZ Government, 1992. *Tarisi Vunidilo* pp. 38 (lower), 44 (right). *Courtesy of the Trustees of the Fiji Museum* p. 38 (lower). *Unsplash* p. 5 top Nem Malosi; p. 6 centre Nem Malosi; p. 17 bottom Nem Malosi; p. 26 lower Lili Ortiz; p. 36 top Nem Malosi; p. 42 top Aboodi Vesekaran, lower Azeem Sahu Khan.

Published by Oratia Books, Oratia Media Ltd, 783 West Coast Road, Oratia,
Auckland 0604, New Zealand (www.oratia.co.nz).

Copyright © 2024 Tarisi Vunidilo (text)
Copyright © 2024 Oratia Books (published work)

The copyright holders assert their moral rights in the work.

This book is copyright. Except for the purposes of fair reviewing, no part of this publication may be reproduced or transmitted in any form or by any means, whether electronic, digital or mechanical, including photocopying, recording, any digital or computerised format, or any information storage and retrieval system, including by any means via the Internet, without permission in writing from the publisher. Infringers of copyright render themselves liable to prosecution.

ISBN 978-1-99-004240-9

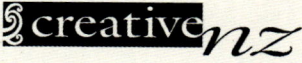

The publisher acknowledges the generous support of Creative New Zealand for this publication.

Editorial: Carolyn Lagahetau
Designer: Cheryl Smith, Macarn Design

First published 2024

Printed in China